मुना-मदन

महाकवि लक्ष्मीप्रसाद देवकोटा

आवरणकला: कपिल रोकाया
आवरणकला प्रेरणा: टेकवीर मुखिया
सज्जा: मनिष महर्जन

लेखकको तस्बिर दिनेश अधिकारीको "तस्बिरको कथा" पुस्तकबाट साभार गरिएको हो ।

Distributed worldwide by thuprai.com

ISBN: 978-9937-9420-0-3

Munā-madana
by Laxmi Prasad Devkota

समर्पण

हे मेरा भाइ ! हे मेरा बहिनी ! पहाड शहरमा,
यो यौटा मेरो भक्तिको माला चढाएँ चरणमा ।
अरु ता मैले के गर्न सक्थेँ ?, अपढ-अज्ञानी,
आँसुले भिजेको यो फूल गाँसेँ नजानी नजानी ।
घाम र छाया-बीचमा फुल्यो मनको फूलबारी,
सपनाभित्र फुलेको ल्याएँ बिपना ओसारी ।
यिनको बास बिर्साइदिन्छ वरको परको,
आँसु र हाँसो मिसाइदिन्छ सबका घरको ।
जो मैले गुँथेँ पहिर भाइ ! पहिर बहिनी !
प्रेमका गलामा नवैलिजाओस् भक्त हुँ म पनि ।
नेपाली माटो स्वर्गको किरण झरेर झन्क्यो मूल,
नेपाली बास्ना भएर निस्के अत्तर देशी फूल,
एकान्त वनमा फूलपरी रँगमा कस्सिए फुर्फुरी,
एक लहर टिपी चढाएँ, नाचून् छातीमा हरघरी ।
नदेख्ने वन कविको मन रङ्गले छिर्किन्छ,
जीवनको छायादेशमा एउटा फूलबारी हुर्किन्छ,
आँसुको जाल डालीमा हाली बिन्दुले रसाए,
कल्पने माली, अम्लान कुसुम,
एक डाली गुँथी, गलामा फाली,
जोड्दछु हात हे भाइ-बहिनी! बास्नामा रसाए,
दिलमा खुशाए
स्वप्नाका धन नबाँडीकन हुँदैन खुशी मन !
आनन्द मेरो लखगुना होला सकारे समर्पण !

सज्जनवर्गका प्रति

क्या राम्रो, मीठो नेपाली गाना झ्याउरे भनेको !
यो खेतभित्र बिरुवा रोपेँ नदेखि खनेको ।
फुलेर जाओस् वैलेर जाओस् ईश्वर-इच्छा हो,
पयरपनि नकुल्च, भाइ ! यो मेरो भिक्षा हो ।
यो फलिजाओस्! यो फैलिजाओस् ! वसन्त डाकन,
झ्याउरे भनी नगर हेलाँ हे प्यारा सज्जन !
नरम गरोस्, चरम-चुली उडाई पुन्याओस्,
निर्मल नाला-लहर जस्ता अधर चलाओस्,
पहाडछातीमा पो टम्कराओस् डाँडाले दोहऱ्याउन्,
मन र वन गुँजेर उठून्, छहरा छहराउन्,
शहरभित्र एकान्त खोपी, यो गरोस् उज्यालो,
झोपडीभित्र यसैले बालेस् मनको दियालो;
नेपाली गेडा, नेपाली दाना, नेपाली रसले,
भिजेको मीठो रसिलो गीत, नेपाली कसले,
नेपाली भन्ने कसले त्यसै आँखा नै चिम्लेला;
प्रतिभाबाट छहरा छुटे, हृदय नछोला ?
पर्वत, खाडी, फाँटमा चल्छ झयाउरेको लहरी,
स्वदेशी माटो जागेर बोल्छ सरलमा छहरी,
झुप्राका चरी, वनका परी, दिल भल बगाउँछन्,
मासा र मासा जनका भाषा हावालाई रँगाउँछन्,
नक्कली जीवन, कुटिल विद्या लिँदैन यसमा चाल,
भावका वशमा पग्लन्छ रसमा जनको दिलको छाल;
पहिलो कवि पर्वतको पानी निर्मल अधर,
हिमाल सारा सङ्गीतधारा प्रथम छरर,

कराली टिपी जलबेली कल्क्यो जीवन-सागरलाई
बोलूँ कि बोलूँ फूल फुट्न खोजे बास्ना दी अधरलाई,
चरीले तर चुच्चाले च्यापी पहिलो पल्लव,
झर्नाको स्वर टिपेर कुले प्रकृति गौरव,
तिनैका साथी नेपाली जाति घाम र पानीमा,
ढुक्कुरे मुटु सजीव भै कुर्ले झ्यायाउरे वाणीमा,
यो नीलो स्वर्ग पार्वती-माइती, छिरबिरे छाया-वन,
भत्केर आउँछ जीवनको तार कुर्लन्छ चरी मन,
प्रकृति-किरण रङ्ग भै दिलमा भावले छिर्केर,
झर्नाको शीतल शीकर उड्छ स्वरमा सिर्केर,
दुःख र सुख मिसेको रस जो जीवन कहिन्छ,
रसको धर्म लिएर पग्ली गीतमा बगिन्छ,
नेपाली सच्चा जातीय जीवन झ्याउरेमा बोल्दछ,
कोदाली-तालमा, हलाको फालमा नाचेर खुल्दछ,
नेपाली नसाभित्रको रगत पाउँदछ स्पन्दन,
यो प्रकृतछन्दबीचमा सुन्दर रमाउँछ नन्दन,
जनको मुटुभित्रकी चरी स्वभावमा कुर्लन्छे,
जनको जीवन-नदीकी लहर यसैमा उर्लन्छे,
पहाडी वायुमण्डलको ध्वनि गोधुलि-वनको बोल,
हिमालमा हुर्की, फूलरङ्गले छिर्की, बास्निन्छ, अनमोल,
श्रमको अमृत, प्रेमको पीयूष, जनको रसना,
दुःख र सुखको कराली पथ, जल-ज्योति-सम्झना,
झ्याउरे हाम्रो जलको बाटो आँसुको कहानी,
झिल्झिले नाला लहरबेली रुलाइ र मुस्कानी,
जनको सच्चा साहित्य यही, जनको नाडी छन्द,
कविता-देवी झर्दछिन् यहीँ प्रकृत लिई बन्ध,

जमीन यस्तो विशाल यहाँ न केही सह्यार,
यो नयाँ जमिन बटार्न कोर्न बन्दो छु तयार,
झ्याउरे   कवि भनेर मेरो दुर्नाम हुनेछ,
जनको प्यारको चन्द्रमालाई कलङ्क छुनेछ ।
गुगले आर्को लिनेछ कोल्टो, भावना फिर्नेछ,
खुम्चेका दिल फुकेर जालान्, अन्धता मर्नेछ ।
मलाई सानो पातलो गाउँ पहाडी नालीमा,
मसिनो सानो वनचरी-कुर्लन जल बोल्ने थलीमा,
शहरबाट सुदूर नीरमा मोहनी कुनामा,
गन्धर्वपरी नेपाली कुर्लून्, प्रकृत टुनामा ।
हृदयले नै डोऱ्याई भाषा अर्थलाई मन्त्रेर,
भावको टूना हालेर झिल्कोस् प्रकृतिमन्तिर ।
मुटुको मलाई ढुकढुकी मीठो, कलेजा-कम्पन,
जीवनको बोली सुरिलो मलाई, स्नायुको स्पन्दन ।
पेशाले बिग्र्यो कविको धर्म, शब्दले मर्मघात,
आत्मालाई झूटो बोलेको छन्द नाच्दछन् पारी रात।
यो मेरो सार्वजनिक शब्द सबैले सुन्नेछन्,
आदिम तर नवीन चीजको वजन गुन्नेछन् ।
यो सानो झ्यायाउरे गीतको कथा नजर लगाई,
टुट र फूट माफ गर्नुहोला सज्जन ! मलाई !

●

मदन भोट जाने बेलामा

मुना—

नछोडी जानोस् हे मेरा प्राण ! अकेली मलाई,
मनको वनमा ननिभ्ने गरी विरह जलाई,
              ननिभ्ने गरी विरह जलाई,
लोचनका तारा ! हे मेरा प्यारा ! यो जोति बिलाए,
के भनूँ ? भन्ने म केही थिइनँ विष नै पिलाए !
              प्यारा विष नै पिलाए !

मनको कुरा गलामा अड्छ, अड्कन्छ गलामा,
यो मेरो मुटु पचासबाजी धड्कन्छ गलामा,
यो छाती मेरो चिरेर खोली नजर गराए,
त्यो मन केही फर्कँदो होला, तस्वीर खुलाए !
आँसुमा खस्छ मनको टुक्रा यो आँसु बोल्दैन,
मनको कुरा मनमै बस्छ, छातीले खोल्दैन,
              प्यारा ! आँसुले बोल्दैन !

मदन—

हे मेरी मुना ! नभन त्यसो, जूनमा फुलेकी !
फर्कन्छु फेरि म चाँडै भन्ने किन हो भुलेकी ?
म बीसै दिन बसुँला ल्हासा, बाटामा बीसै दिन,
चखेवा फेरि आउँछ उडी बिहान कुनै दिन,
              प्यारी ! भेटको बडा दिन !

कि मरि छाड्यो, कि गरिछाड्यो मर्दको इरादा,
नहाल प्यारी ! बाटामा मेरो आँसुको यो बाधा,
अनारदाना दाँतका लहर खोलेर हाँस न,
तिमीले हाँसे म हाँक्न सक्छु इन्द्रको आसन,
              प्यारी ! बिदामा हाँस न !

मुना—

हे मेरा राम ! हे मेरा कृष्ण ! जङ्गल, पहाड,
भीरका भोटे, वनका जन्तु, गाईको आहार
रातमा सुर्जे, बिदामा हाँसो कसरी मिलाऊँ
जाने नै भए नछोडी जानोस् साथमा सुहाऊँ !
हजूरको गाथ, हजूरको माथ प्रीतिले समाऊँ !

मदन—

नभन त्यसो ! बुझ न मुना ! थुँगा झैँ त्यो पाउ,
वनका काँडा, उकाला ठाडा, कसोरी लैजाऊँ ?
                हे नागकन्या ! पहाड नआऊ !
ती यौटी आमा, लच्छिनकी बत्ती नछाड सुसार,
तीन बीस हिउँद खाएकी आमा टुहुरी नपार,
                ती हेरी बसून् यो चन्द्रमुहार !

मुना—

फुलेका केश, गलेको जीउ आमाको मायाले,
बाँधेन हरे ! हजूरको पाउ ! मायाको छायाले,
                हजूर ! आमाको मायाले !
जङ्गली देश बेपारी वेश सङ्कट सहेर
के मिल्छ हरे ! तिनलाई छाडी ल्हासामा गएर ?
हातका मैला सुनका थैला, के गर्नु धनले ?
साग र सिस्नु खाएको वेश आनन्दी मनले !
                हे मेरा प्यारा ! अमीरी मनले !

मदन—

हे मेरी प्यारी ! वचन तिम्रो गड्दछ मनमा,
के गच्छौँ मुना ! यो सास अड्छ त्यै पापी धनमा,
ती आमालाई दूधको घुड्काले गला रसाऊँ,
उनको यौटा पाटी र धाराको इच्छा पुऱ्याऊँ,

यो हातलाई सुनको बाला खँदिलो सुहाउँ,
रिनले थोत्रो घरको जग बलियो बनाउँ,
भन्दैमा आशा मनमा उब्ज्यो, मनमा बिलायो,
उचालिहालेँ पयर ऐले, इच्छाले उठायो ।
ईश्वरमाथि, मुटु छ साथी जङ्घार तरुँला
असल गर्दा झन् बिघ्न परे बाटैमा मरुँला
पृथिवीपारि स्वर्गमा फेरि हे प्यारी ! भेटौँला !

मुना—

हे मेरा कृष्ण ! मुटुको गाँठो झन् कसी नबोल !
तस्वीर खिच्छु मनमा तिम्रो मुहार अमोल !
नफर्क प्यारा ! नलुकाऊ आँसु नयनमा ढल्मल !
ल्हासाकी ठिटी, आँखाकी छिटी, सुनमा कुँदेकी,
बुल्बुले बोली, गालाको बीच गुलाफ फुलेकी-
ती सबै खेलून् ती सबै नाचून् डाँडा र चहुरमा,
मलाई बिर्सें यो आँसु पिर्ला भन्नेछु म डरमा,
सवारी हओस् अँध्यारो पारी घर र शहरमा !
रुनु नै बल पुग्दैन रोई आँसुले हजूरमा !
अँध्यारोभित्र सम्झना बल्ली बिजुली—झलकमा
आँसुको वर्षा हुनेछ शीतल दुःखीको पलकमा❀

❀

पिंजराभित्र जलेकी चरी नबोली रुनेछ
ठुँगेर डण्डी बत्तिई भने कहाँ पो हुनेछ !
क्षण क्षण प्यारा हुनेछन् मेरो जलेका जीवन !
खरानीबाट छिनछिन बिउँती रुनेछ सम्झना !
छहारी दिने रसिलो बादल झुकेको बिलाए
शीतको दाना सुकेकी फूल
खङ्ग्रङ्ग भई सुकेर मूल

वैलेर झर्ली नबोली, बोली को सुन्ला वहाँ ए !
प्यारा ! को सुन्ला यहाँ ए !
सवारी होओस् भन्नै त पऱ्यो मुख थुनी मुटुको
नरुँदी चरी पिउनेछ मरी आँसुको घुटुको
कमलको मुटु खुम्चेर मर्छ
भ्रमरा-दर्शन त्यसमा पर्छ
तिमिर छाया मुख बाउँछन् धुइरा, शीतले काँप्छ तन
प्यारा ! शङ्कालले काँप्छ मन !

मदन—

पुरुषको प्यारी ! सङ्ग्राम संसार, विजय उसको सार !
पौरुषविना पुरुष हुन्न तरवार विनाधार !
सङ्घर्षद्वारा बिजुली बल्छे विक्रमद्वारा दीप !
तिमीलाई पाउन म दूर जान्छु झन् आफ्नो समीप
देहको न्यानो नजीकको प्यारी, आत्मालाई बिसर्जिंछ
चौमासको वियोग किन हो ज्ञानी ! तिमीलाई तसर्जिंछ
दूरतालाई गिज्याउँला हामी तिर्सना चढाई
झन् तिखो प्यासले सँगसँगै ह्वाँला मुटुलाई मिलाई
तिमी ता मेरी जीवन-ज्योति बाटाकी दियाली
ननिभ्ने कहिल्यै, नछोड्ने कहिल्यै जीवन अँगाली
तिमी छौ पर भन्ने यो डर मलाई हुँदैन
हिमालपारि, हिमालवारि,
कल्पने चरी भुरभुर गरी,
तिम्रो त्यो अमर प्यारको मुटु पङ्खले छुँदैन
प्यारी ! पङ्खले छुँदैन ।
पुछनद्यौ आँसु नजरका दाना बरबर गुडे झन्
पर्वत-खाडी सागरले छेक्छन् प्याराका जोडी कुन ?

कालको वारि, कालको पारि एक वस्तु अमर छ
दुइटा जोडी दिलको प्यार,
           दुइटा आत्मा जोडिने तार
देश र काल नाघेर चल्छ इश्वरको वर छ !
सँभाल मन ए मेरी जून ! यो छोटो बादल हो !
निर्मल आकाश उघ्रन्छ फेरि पखाली गाजल यो !
डाँडाको पारि उडेको चरो गुँडलाई बिर्सन्न
पङ्खको चङ्गा प्यारको सूतले ताने के फर्कन्न ?
            प्यारी ! तानिए फर्कन्न ?
नमान डर ईश्वर छ भर, बुझाई बसे मन,
अँध्यारो हुन्न सधैँलाई प्यारी ! फर्केर आउला दिन ।

•

मदन भोट जान्छन्

डाँडा र काँडा, उकाला ठाडा जङ्घार हजार,
भोटको बाटो ढुङ्गा र माटो, नङ्गा र उजार,
कुइरो डम्म, हिउँले टम्म, त्यो विष फुलेको,
सिम्सिमे पानी, बतास चीसो बरफ झैं डुलेको ।
मसाने खम्बा लामाका गुम्बा शिर गोल खौरेका,
बाटामा जाने हात खुट्टा ताने, आगाले बौरेका ।
स्याउला चीसा, ओछ्यान खासा जाडोले बज्ने दाँत,
पकाई झिक्का नखान पाई काँचाको काँचै भात ।❀
आखिर ठूलो सुनको छाना साँझमा सुहायो,
मैदानतिर पोतालामनि ल्हासा नै मुस्कायो ।
आकाश छुने पहाडजस्तो सुनबुट्टे तामाको,
सुनको छाना, दरबार अजङ् त्यो दले लामाको ।
चौँरीको पर्दा, बुद्धको मूर्ति सुनमा कुँदेको,
रङ्गीन ढुङ्गा, अप्सरा सारी बुट्टामा चुँदेको,
शीतल पानी, हरिया पात, हिउँका टाकुरा,
शिरीष फूल फुलेको सेतो, रुखका आँकुरा ।
कीचूको खोला, लिङ्कोरको दृश्य, अम्बानको महल,
यूतोक स्याम्पा, त्यो पुल राम्रो त्यो ल्हासा झलमल ।

❀

बाटामा सही अनेक कष्ट लक्ष्यको टुनामा
मदन ल्हासा झलझल देख्थे ब्यूँझिँदो स्वप्नमा
कल्पना ल्याउँछे दूरको दृश्य जादूका जलप दी
ल्हासाको शहर चम्कन्छ पथमा विचित्र झलक दी !

ती हस्तिहाडसरिका सेता, भोटेनी भर्खरका,
आँखाका काला, नौनीका छाला, त्यो ल्हासा शहरका ।
खौरेका शिर भोटेका गुरु, ती माला फिराई,
गम्भीर चाला, गडेका आँखा अनौठा लगाई ।
'ॐ मणिपद्मे ॐ मणिपद्मे' भनेर हिँडेका,
कपाल थापी आशीर्वाद मागी, बटुवा बढेका ।
त्यो नौलो गाउँ, त्यो नौलो ठाउँ, त्यो नौलो सडकमा,
ल्हासाको शहर क्या लाग्दो रहर सुनको झलकमा ! ✵

✵
हिमालको आकाश-किनारापारि बुद्धको शीतल घाम
सुनौला बादल-नगरी जस्तो गन्धर्व-परी-ग्राम,
विपनाभन्दा सपना राम्रो यथार्थभन्दा भाव,
स्वर्गमा यात्रा गरे झैं चले बाटाको बिर्सी ताप,
ल्हासाको झल्के सुनका छाना उनका आँखामा,
रङ्गीन फल नौरङ्गी फुले उत्तरका शाखामा,
दुधले न्वाउँथिनू भोटकी रानी, फुलमा सुत्दथिनू,
हिमालको हिउँसँगमा स्पर्धा छालाले गर्दथिनू,
गुलाफसँग दाँजिनुपर्थ्यो ऐनामा गाला रे !
एक राज्य किन्त्रे गलामा उनको रत्नको माला रे !
फुलको मह सहेली टिप्थे वागमा छानेर,
मणिको प्याला उचाली प्यूँथिनू आनन्द मानेर,
तरंग यस्ता हजारौ चले मदनका मनमा
सुनेको माथि कल्पना लागी रंगिलो क्षणमा ।
बाटो त सारुहो उकालो ठाडो कहीँ छ बित्ते भीर,
कहीँ छ डोरी टाँगेको पुल कहाली रिङ्ने शिर;
पातलो उँचाइ धकाउँदो फोक्सो मुटुलाई फोरेर,
गरलनीला पर्वतमाथि पर्वत चढेर
तपस्वीलाई निर्माणनिम्ति चढाइ कठोर
हजारौं सही भएझैं विफल कष्ट भो अघोर,

बीचबीचमा तर अमोल झल्क्का पाइन्थे पथमा,
नन्दनजस्ता फुलेका जङ्गल पहाडी पटमा,
आश्चर्यजस्ता बिरामा फूल, बनेली प्रतिभा !
प्रकृति उनलाई छक्क पारिदिन्थिन्, झल्काई मुटु बाः!
बादलु देशमा टाकुरे गाउँ शेर्पाको छविचित्र
गर्जनतल, इन्द्रेनीतल,

झुल्कन्छ घाम, तल छ जल

माथि छ मानव स्वर्पुरमाझै चुलीमा पवित्र ।
स्याम्बोमा स्याम्बो रमाइलो नाची कम्मर समाई,
चरण फयाँक्ने बाँसुरी तालमा, अप्सरा लजाई,
सभ्यता हाम्रो नेपाल राम्रो संस्कृति पवित्र,
लुकेका स्वर्ग, समुच्च जाति यसमा छन् विचित्र,
'पृथिवीभरमा क्वै जाति भए नेपाली के कम छ ?'
मनमन भन्थे मदन त्यहाँ यहाँ क्या जीवन छ ।
हिमाल हाँक्ने तेजस्वी जाति स्वभाव तपस्वी,
विश्वमा नेपाल विक्रम—तेजले हुनेछ यशस्वी,
कहीँ ता झर्ना नौधारे बनी आदिम गानाले,
गुन्जायमान शीतल पर्वत शीकर-दानाले,
अमृत जल त्यो भन्दा मीठो पृथ्वीमा पाइन्न,
प्रकृति कहीँ यत्तिकी धनी शब्दले गाइन्न !
ढुङ्गाको दाँत, बाटामा तर तिखो छ बिझाउने
हिउँको दाँत झन् तीखो बतास दाह्रा नै किटाउने,
विचित्र जन्तु सैरने बन गोधूली—छायामा,
कालीको बाहन फुकेर चर्ने मिर्गका कायामा ।
कल्पनाभन्दा रङ्गिला पन्छी गजब वनको बोल
शहरका सङ्गीत-कविताभन्दा बनेली अनमोल !
जीवनको मीठो आनन्द चर्को हरियो हावामा
उद्वार गरी थरी र थरी,

फुर्फुरी गर्ने, भुभुरी लिने,

उत्तम सिर्जन रङ्गीन चरी; सुन्दरका कायामा,
पुष्ट र चिल्ला बनेली जीव विलास्ने छायामा,

क्वै देवी थिइन् गहन वनमा, अमित सुन्दरी,
भीषण काली क्रोधमा तर,
नङ्ग र चुच्यो लोहित हुँदी आँधीको भुमरी,
कृष्ण र राधा झूलन खेल्ने लहरा फुलेका,
अत्तर बास्ने पत्तीका झुप्पा जहाँ छन् हिलेका,
सुन्दरताको विचित्र लोक जङ्गली एकलासमा,
देखेर मदन गदगद हुन्थे विचित्र मिठासमा,
मिर्गको पाठो कोमल चिल्लो फुर्फुरे शैशवमा,
चाञ्चल्यको नै आनन्दस्वरुप फुर्केको रहरमा,
इन्द्रेनी-राज्य फुलारु बाक्ला जङ्गल नाचेर
मदन चढे पर्वत ऊँचा हिमालमा लागेर,
पर्वतराज पृथ्वीका ताज ओजस्वी हिमाल,
काँधमा स्वर्ग बोकेर हेर्थे नीलिम नेपाल,
दिनले लिँदा पहिलो झुल्को सगरमाथामा,
उषाले बाल्थिन् लखबत्ती-चूली सुनौला ज्वालामा,
एकान्त त्यहाँ शासन गर्थे साम्राज्य सेतोमा
तपस्या त्यहाँ शान्तिमा चढ्थिन् स्वर्गको बाटोमा,
बिहानी लाली घसेर आउँदा प्रथम गुलाफ,
सृष्टिको पैलो ललित रङ्ग धम्काउँथ्यो रवाफ,
मानिसलाई चुनौती दिने हिउँका टाकुरा
डुबुवा दिनले छोएर बल्थे
प्रकृति-मन्दिर सुनौला गजूर धप्के झैँ हजाराँ,
विशालताको रोमाञ्चकारी हिमाली स्वरुप,
विभिन्न पाटे भएर झल्को दर्शाउँथ्यो अनूप,
करुणाजस्तो कोमल निर्मल हिउँको काया छ,
भूभरको ऊँचा भएर भूमा पग्लिने माया छ
रहस्य यौटा अवश्य राख्थ्यो स्वर्गिक चुली खास,
उमा र शिव गर्दथे भूको टुपीमा ऊँचा वास,

सकल युगको इतिहास जानी निश्चल तपस्वी,
सागर भेटी बादल फ्याँक्थे
आशिषजस्ता वर्षालु स्वरमा नेपालमा यशस्वी ।
जूनले लस्दा हिमाल महल कान्तिको कोमल,
चाँदनी स्वर्ग, चाँदिलो सपना
अमृत-जलप-निवास बन्थ्यो उमाको शीतल,
पीयूष-जलमा छायाको सार झल्के झैँ मञ्जुल ।
एकान्तलाई त्योभन्दा ठूलो विलस थिएन,
संसारी विष निभाउने शीतल
त्योभन्दा अर्को भूतलमा कहीँ स्थल नै थिएन,
अनेक गङ्ग निर्झर नाला आँसु झैँ दयामा,
पग्लेर स्वतः बर्बर् झर्झर्
तपस्वी लोचन हिमालीबाट झर्दथे दुनियाँमा ।
श्यामल धन नेपालको भन कसको वरदान ?
जलडोरे अनेक सभ्यता युगका कसको प्रदान ?
उच्च र गूढ भावको क्षेत्र हृदय सङ्लाउने,
आश्चर्य के छ, भारत खोज्थ्यो
त्यो दिव्य मीठो आभास सधैँ आत्मालाई जगाउने,
उचाली आफ्नो मनको तह तरङ्ग उचाली
हिमाल-प्रदेश पार गर्थे मदन हृदय उचाली
धूपीका घारी, सल्लका घारी पर्वत चढेका,
हिमालका ज्यादा नजीकका शिशु ती हेर्थे बढेका,
पृथिवी अब पातलो उँचाइ लिएर नझ्ङ्गिन्छिन्,
छ मास हिउँको सिरक ओढी छ मास फुझ्ङ्गिन्छिन् ।
बतास भो तीखो, हिमाली श्वास सियो झैँ कडा भो,
भोट जाने युवा हिउँको लामो लहरमा खडा भो
बुबुरि चीनी हावाले छानी सल्लाको सियाभर,
पवित्रताको पीठोको धूली पर्वतमा छरबर,
शीतमा थियो अग्निको जलन पैताला जलाउने
हावामा थियो पातलो पन फोक्सोलाई फुलाउने,

अकेली मुना अत्यन्तै राम्री कमल झैं फुलेकी,
बादलको चाँदी किनारा छोई जून झैं खुलेकी,
कलिला ओठ खोलेर हाँस्ता मोती नै बर्सन्थ्यो
पुसको फूल झैं सुकेर गइन् आँसु नै बर्सन्थ्यो,
लाम्चिला आँखा पुछेर गर्थिन् सासूको सुसार
कोठामा सुत्दा तकिया भिज्थ्यो चिन्ताले हजार,
ती दिन लामा, ती रात लामा, ती दिन उदासी,
अँध्यारा रात, उज्याला रात जून नै उदासी,
झ्यालमा मुना झल्मल तारा ह्लासामा ती प्यारा,
आँखामा आँसु मुनाको मन चिन्ताको आहारा,
स्वरमा आँसुको सिम्सिमे वर्षा मसिनो चले झैं,
एकान्तभित्र उठ्तछ गाना विरह बोले झैं,
चिन्ताले लाखौँ लाग्दैन आँखा सपना प्यारो छ,
सपनाभित्र उनलाई देखे उठ्न नै गाह्रो छ,
सपनाभित्र उडेन सास भनेर ती रुन्छिन्,
दिनको दिन गुलाब जस्ती वैलेर रहन्छिन्,

बतासले दाह्रा किटेर टोक्थ्यो साँझमा मुटुलाई
भोटेली पोशाक दोचा र भुत्ले टोपीले उनलाई,
सुकुटी चिया भेडाको धुली चौरी दुध गट्टाले
बचाए बल्ल क्या कष्ट पाए बाटामा पट्टाले !
प्रकृतिदेवी मानिसप्रति क्रूर र निठुरी
भएर जान्थिन् पठार पुग्दा पृथ्वीको जो धुरी,
उब्जनी छैन, खानलाई छैन, पिउन नदारत,
बल्ल र तल्ल सँभाली साँवल,
नेपाली साँघु भोटको त्यो दल—
सँगमा मदन जिनतिन चले कष्टको कडा पथ ।
अनेक दुःख बाटामा सही देखेर उदेक
एक मैन्हापछि मदन पुगे ल्हासाको नजीक ।

मनको दुःख मनैमा राख्छिन् नबोली, छिपाई,
छातीको शर, पन्छीको प्वाँख राख्तछ लुकाई,
उज्यालो हुन्छ दिनको अन्त्यमा बत्तीको धिपधिपमा,
वैलिँदा फूल झन् हुन्छ राम्रो शरदको समीपमा,
बादलको कालो किनार चाँदी, झन् जुन उज्यालो,
विदाको वदन झल्कन्छ मनमा दुःखको उज्यालो,
फूलमा खस्छन् शीतका आँसु आकाशमा वर्षाजल,
रातका आँसु तारका ज्योति, टप्कनछन् महीतल,
गुलाब मीठो जरामा बन्छ कीराको आहार,
शहरभित्र फुलेको फूल दुष्टको शिकार,
मानिसको हात निर्मल पानी हिलोले भर्दिन्छ,
मानिसलाई बाटामा काँडा मानिस छर्दिन्छ,
अत्यन्त राम्री यी मुना हाम्री झ्यायालमा बसेकी,
शहरको यौटा गुण्डाले देख्यो अप्सरा खसेकी,
भवानीलाई कातेर बत्ती बेयाद रहेकी,
गालाको पाटा कानको लोती, कपाल घुम्रेकी,
त्यो छड्के दर्शन पाएर उभियो पागलै भएर,
घरको वर, घरको पर त्यो घुम्थ्यो गएर ।

•

गुलाबलाई देखेर राम्रो हे भाइ ! नछुनू !
लोभले हेऱ्यो, मोहनी गयो, जङ्गली नहुनू !
सिर्जनाभित्र रचना राम्रा नजरका जुहार !
ईश्वरको हाँसो पाएका फूल छोएर नमार ❀

❀
भित्र छ आत्मा मसिनो तिनको पत्तीमा झल्केको,
भित्र छ तिनको मसिनो बास्ना हावामा बल्केको,

घरमा आई, माउर लाई, नैनीले मुस्काई,
हाँसको फुल कुर्कुच्चा राम्रो त्यो भन्छे शर्माई,
"कलिलो राम्रो हजूरको पाउ क्या चट्ट मिलेको !
चीनियाँ पाउ, लक्ष्मीको जस्तो, कमलमा खुलेको !
मोतीको दाँत, हीराको जात हजूरले हाँसेको !
मोहनी लाग्छ, विघ्नै छ राम्रो हजुरले हाँसेको !
छ मैना भयो खसम हजूर ! गएको ह्लासामा,
बिस्यों पो क्यार ? हजूरलाई तरुनी-खासामा,
यसरी छोडी गएको देखी दिल दुख्छ मलाई,
कमलको पातमा जोवनको थोपा रहन्छ कस्लाई ?
नजर मात्रै मुखमा लाए हजार मर्नेछन्,
भँमरा जस्तै डुलुवा खसम के कदर गर्नेछन् ?"
मुनाको गाला, आगोको ज्वाला जलेर उदायो,
आँखामा चम्क्यो बिजुली यौटा, चाँडै नै हरायो ।
खामोस खाई दयाले भन्छिन्, "हे नैनी भाउज्यू !
म अरु जस्तो नठान बुझ्यौ हे नैनी भाउज्यू !

सुन्दरको सूक्ष्म स्वरुपका टुना बाहिरी नजरमा,
तनको लोभी गुमाउँछ आत्मा विलासको रहरमा ।
गुलाब आए सुहाउन पृथ्वी दिव्यका मुस्कानले,
बोलाउन आफ्ना आत्माले आत्मा सुन्दरको आह्वानले,
लोभको खस्रो निर्लज्ज हातले तिनलाई नछोऊ,
लज्जाले खुम्ची भाग्दछ देही
के माटोबाहेक हात लाग्ला केही ?
मुस्कान देऊ फुस्कन देऊ बास्नामा मधुर,
बास्नाले मात्र सौन्दर्य छोऊ
आँखाको लोभ आँसुले धोऊ
सिकाउलान् तिनलाई सुन्दरमा उठ्न गुलाबी बिहानले ।

यी कुरा गर अरुका कान, जो सुन्छन् लिई चाख,
जोवनका हीरा शहरका कीरा, पाउँछ्यौ तिमी लाख ।
चन्द्रमालाई खसाल तिमी, हिमाल उचाल,
यो मेरो मन डगाऊँ भनी नरच यो जाल,
गुलाब जस्तो फुलेको दिल कोपिला हुँदैन,
जो एकबाजि सुम्पियो बुझ्यौ सो आफ्नो हुँदैन,
स्त्रीलाई जाँच चिताको ज्वाला पसेर निस्कुँला,
त्यो पाउलाई समाई फेरि स्वर्गमा बसुँला,
यो चार दिनको कञ्चन चोला ईश्वरले सिँगारे,
के भन्नु माथि बाबुको अघि हिलोले बिगारे ।
दयाले नैनी ! ईश्वरले सिँगारे ।
पापको भारी बोकेर फेरि उक्लनु कसोरी !
मनुष्य चोला गुमाए त्यसै फिर्दैन यसोरी,
नैनी ! फिर्दैन यसोरी !
स्त्रीजातिलाई सृष्टिको भार भविष्य जगत्को,
आनन्द दिने सुगन्ध दिने पवित्र रगतको,
सौन्दर्य हाम्रो जूनको जस्तो किरण पवित्र,
जूनमा हुन्छ कलङ्क, हुन्न सतीको मनभित्र,
मानिसहरुको मनको जगत् गर्दिन्छ पवित्र,
ती तिम्रा आँखा रसाई आए, परेला अडेको,
आँसुका ढिका क्या राम्रो देखैँ अगाडि बढेको !
हे नैनी दिदी ! मनको मैलो आँसुले पखाल्छ,
आँसुका थोपा आफैँमा असे यो मन उचाल्छ,
यी मेरा कुरा गएर तिमी अरुमा सुनाऊ,
आँसुका ढिका बनाई राम्रा खसाल्न लगाऊ,

नभएदेखि सङ्घारवारि हे नैनी ! नआऊ !" ✿
सिङ्डोङ्कारमाथि पहाडी चुच्चो आगो झैँ बल्दछ,
त्यो ताशीलिङ्गा फूलको बारी हावामा झुल्दछ,
तलाउ लुक्याङ् चम्कन्छ तल, आकाशतर्फको,
सुनले छाएको गुलाबी घर फोडाङमार्पोको
चुङसुक्याङ् भन्ने सडक राम्रो, चूजिक्याङ् बगैँचा,
अस्कानी पुल यूतोक स्याँपा घाँसका गलैँचा,
फूलबुट्टे चउर घाँसका गलैँचा ।
चम्किलो सुनको रङ्गिलो देश नौलो र उज्यालो,
कस्तूरी-वास, सुनको रास, बाटो त उकालो,
आएर बसी के जानु चाँडै ? नबुझी नौलो चाल,
मित्यारी लाई मदन बसे घरको बिर्सी हाल,
छ मैना गयो, सात मैना गयो मन भो झसङ्ग
ती मुना प्यारी, आमा बेचारी मन भो झसङ्ग
मनमा आए लहर नाघी जङ्घार त्यो पार,
मनले उनको पखेटा हाल्यो उडेर गयो घर,

✿

'बिराएँ हजूर, माफ रहोसू कसूर' नैजीले जोडी हात,
भुङ्ग्राले जल्यो उसको गाला
मानव–आत्मा पतनमा पनि
निदाइरहन्न लौ हेर ! चाला
अन्तरले उसको के भोग्यो होला शरमको बज्रपात ।
त्यो दिनपछि त्यो लागी भन्छन् कृष्णको भजनमा
सुतनेलाई त्यस्तै जगाउने शक्ति सतीको वचनमा,
भाइ ! सतीको वचनमा,

बसेको बस्यै घरमा पुगे आमा छन् बिरामी,
मुनाका आँखा रोएर ठूला, नयन बदामी,
            लाम्चिला, ठूला नयन बदामी !
घ्याङ्घुडे घण्टा गुम्बामा बज्यो, बादल झुम्मियो,
पहाडमनि पहाडी छाया साँझमा लम्बियो,
बतास चीसो चम्केर आयो मनको तन्द्रामा,
उठेर देखे भेडाको भुवा ओढेका चन्द्रमा,
उदासी जून, फिकामा गए मदन डेरामा,
ती आमा नाचिन्, ती मुना नाचिन् आँखाको घेरामा,
त्यो रात त्यसै छर्लङ्ग गयो, ओछयान बिझायो,
छातीमा केले थिचे झैँ लाग्यो आकाश रछायो, ❀

❀

छ बीस दिन उज्याला पछ्नी हिमालमा ब्यूँझेर,
पश्चिमी सुनको सागरपारि गएछन् उडेर,
गोसाइँकुण्डको धेरै नै पानी गङ्गमा बग्यो हो,
ह्लासाको जादू घरले जित्यो,
नेपाल–खाडी निर–किल्लाभित्र स्वप्नमा अङ्यो हो ।
साहुका साथ सिकेर किल्ली बेपारमा चलेथे,
तीन मैना चल्दा क्यै गुठिल जम्मा भएर फुलेथे,
कस्तुरी असल बिनाका बिना बटुली सहारे,
शिलाजित बूटी उत्तम केही बटुले त्यहाँ रे,
सुनका माल प्रशस्तै मिले लगाउँदा लगानी,
आफूलाई चाहिनेसम्मको धन कमाए त्यहाँ नि !
ओखती केहि लगेका थिए एक लामा धनीको,
दमको व्यथा निमन भयो भाग्य नै बनिगो,
आफूले उनले चिताएभन्दा रास थियो सुनको,
नेपाल फर्की जाने भो इच्छा अब ता उनको,

लुकाई गह्रौं सुनका थैला, कस्तूरी सह्रारी,
ती बिदाबारी भएर हिँडे ईश्वर पुकारी ।

●

"सपना मैले के देखेँ आज ? भैँसीले लघाच्यो,
यो मुटु काँप्छ त्यो भैँसी सम्झी, हिलामा पछाच्यो,
                बज्यै ! भैँसीले लघाच्यो ।"
"बुहारी मेरी ! शीतको सपना पिर्दैन खराब,
खराब सपना त्यो बिर्सिजाऊ डरले नकाँप ।
फुलेको शिर म थापिदिन्छु सबै त्यो खराब,
हे छोरी जस्ती बुहारी मेरी ! त्यसरी नकाँप !"
"दाहिने आँखा फर्फर गर्छ मनमा लाग्यो पीर,
कहाँ हो कहाँ मुटुमा दुख्छ, घुम्दछ मेरो शिर,
आमा र बाबु स्वर्गमा मेरा, टुहुरी अजान,
हजूर नै आमा, हजूर नै बाबु, खोल्दछु मुहान,
                बज्यै ! मनको मुहान !"
"कसैका माथि कुभलो हाम्रो मनमा पसेन,
पापको छाया यो हाम्रो सानो घरमा घुसेन,
दैवले देख्छ सोझाको दर्द, दैवले हेर्दछ,
दैवको बज्र ओर्लेर आए ममाथि पर्दछ,
                फुलेको केश, ममाथि पर्दछ !"
"धेरै नै भयो खबर केही आएन ल्हासाको,
चिठीको भर पर्दछ बस्नु, चिठीको आशाको ।"

“बेपारीलाई कामको भीड फुर्सद पाएन,
लेखूँला भन्दै भुलेको होला त्यसैले आएन,
वनको बाटो डाँडा र काँडा, टाढा भै आएन ।”❀

(मदनलाई बाटामा हैजा लाग्छ)

“नछोड मेरा हे साथीभाइ ! वनमा मलाई,
काग र गिद्धहरुको पापी शिकार बनाई,
घरमा मेरी ती बूढी आमा, ती बूढी मर्नेछन्,
चन्द्रमा जस्ती ती मेरी मुना ठहरै पर्नेछन्,
हे मेरा साथी ! हे मेरा भाइ ! म अझ मर्दिनँ,
कालको साथ लडेर उठ्छु वनमा मर्दिनँ,

❀

‘नमान पीर बुहारी मेरी पीरले सुहाएन’
‘तैपनि लाग्छ मनमा बादल, कुइरो धुरिन्छ;
शङ्काका छाया नाचेर उड्छन् मन पीरले भरिन्छ;
खराब कुरा नसोच्नु भन्छन् अफाल्दा फर्किन्छ
मुटुमा चीसो पसेर आउँछ आँखिभौँ फड्किन्छ,
                    हजूर ! आँखिभौँ फड्किन्छ ।
हजूर, हाम्रो अबला चोला आधार हुँदा दूर,
सुकेको पात झैँ शीतको बेला,
हिमाली सासमा काँपेर उठ्छ थरथर, गली नूर
मुटुकी चरी छायाले डरी, भटभटी भुभुरी
उड्डूँ कि बसूँ सरि छ जीवन हाँगामा फर्फरी
हिमाललाई हेर्‍यो मन चीसो हुन्छ पर्वत हेर्‍यौ नीर,
हावाले छुँदा मन उड्डूँ भन्छ, के गरी रहूँ थिर ?
                    हजूर ! के गरी रहूँ थिर ?’
‘नमान पीर बुहारी मेरी ! असलै हुनेछ,
फूल झैँ छोयौँ संसार हाम्ले,
न मान्छे न त दैवले हाम्लाई काँडालै छुनेछ ।’

यो घाँटी सुक्यो; यो छाती पोल्यो; यो आँसु पुछन,
अझ छ सास, अझ छ आस, यो दर्द बुझन ।
आशिष देलिन् ती बूढी आमा मलाई बचाओ !
मानिसको आँसु मानिसले पुछनु सबैको धर्म हो ।
यो घाँटी सुक्यो म पानी खान्नँ ! बिझायो यो घाँस,
घाँसको चोसा दयाले मर्छ; आँसुले पियास !"
"के गर्छौं भाइ ! टाढाको घर बाटाको जङ्गल,
यो हैजा हाम्ले कुन्हेर बसे हुँदैन मङ्गल,
औषधिमूलो साथमा छैन यो माझ वनमा,
ईश्वर सम्झी ईरश्वरै सम्झी रहे है मनमा,
घर र बार सबैले छाडी जानु त पर्दछ,
अन्त्यको बेला ईश्वर सम्झे संसार तर्दछ ।"
हातले टेकी मदन उठे ती साथी गएछन्,
पश्चिमतिर दिनका आँखा रगतमा डुबेछन्,
वनमा फीका अँध्यारो चढ्यो, हावा नै निदायो,
पन्छीले सारा बोल्न नै छाडे, जाडोले सतायो,
दुर्दशा त्यस्तो, निठुरी सारा जङ्गल पहाड
निठुरी तारा जगतै सारा निठुरी उजाड,
पुर्लुक्क पल्टे घाँसमा फेरि सुस्केरा दिएर,
घरको तस्बीर मनमा उठ्यो झन् गाढा भएर,
"हे मेरी आमा ! मलाई तिमी सम्झँदिहोऊ नि !
हे मेरी मुना ! मलाई तिमी सम्झँदिहोऊ नि !
ईश्वर ! ईश्वर !! तँ मात्र मेरो वनमा साथी छस्,
मानिसभित्र ढुङ्गाको दिल तँ देख्ने माथि छस् !"

आगोको ज्वाला कताको होला ? डढेलो उठ्यो कि ?
मरेकालाई झन् मार्न भनी डढेलो उठ्यो कि ?
नजीकै आयो मानिस यौटा लिएर चिराक,
डाँकू पो हो कि ? भूत पो हो कि ? वनको खराब,
पयोमा यौटा झुण्डेको सास के भर, के डर ?
भएको बल गलाको पुग्छ चिराक पल्तिर,
को रुन्छ, भनी भोटेले हेर्छ, देख्दछ बिरामी
मायाले भन्छ, "साथी र भाइ रहेछ हरामी !
मेरो छ घर एक कोस पर, तिमी त मर्दैन,
म बोकी लान्छ, हुन्छ कि हुन्न ? फरक पर्दैन ।"
भोटेको पाउ समाई भन्छन् बिचरा मदन,
"ईश्वर मेरा हे भोटे दाइ ! क्या राम्रो वचन !
घरमा मेरी छन् बूढी आमा, ती सेतै फुलेकी,
घरमा मेरी जहान यौटी बत्ती झैँ बलेकी,
मलाई आज बचाइदेऊ ईश्वरले हेर्नेछ
मानिसलाई मद्दत गर्ने स्वर्गमा पर्नेछ,
क्षेत्रीको छोरो यो पाउ छुन्छ, घिनले छुँदैन;
मानिस ठूलो दिलले हुन्छ जातले हुँदैन !"
बोकेर लग्यो भोटेले घर, ऊनमा बिसायो,
पानीको घुट्का पिलाइदियो दयाले रसायो,
खोजेर ल्यायो वनको बूटी घोटेर पिलायो,
चौँरीको दूध पिलाईकन बलियो बनायो । ❋

हिमालको बूटी विचित्र थियो जादूको दियो काम
त्यो भोटे दैव नभए कठै ! जान्थे ती परमधाम ।

वनका बीच घरेलु चिल्लो झुपडी टुमुक्क
गोबरमाटे फूल-टाटेपाटे,
वनको कोही देव र देवी घुस्ने झैं सुटुक्क,
हाँगाको टेको, हावाको छेको ढुङ्को गाहारो
मदनलाई लाग्यौ महलभन्दा धनी र पियारो,
भेडाको ऊनको बिछ्यौना नरम ओढ्नलाई पाखी छ,
त्यहाँको जीवन वैकुण्ठ जस्तो उनको लागि छ,
मुस्कानमा छैन मान्छेको छुरी, वचनमा छैन विष,
हावामा छैन दूषण केही, मनमा राग रिस,
दारिद्रय त्यहाँ क्या धनी थियो थोरैमा कति धेर !
चाहिँदो रैछ के सुखलाई ? प्रकृति भएनेर !
हरियो थियो आँखाको शीतल प्रकृति रङ्को धन
शहरमा भरी जीवन भन्छनू जीवन थियो वन !
नकली ज्ञान पोथीका भन्दा, फूल-पाना हँसिला
रङ्गिला पत्र प्रकृतिदेवी उल्टन्थिनू रसिला,
ईश्वरको ज्योति टल्कन्थ्यो त्यहीँ शीतका दानामा,
क्या बोल्थ्यो ईश्वर पखेरुबाट रङ्गनि गानामा !
फूलको बोट उम्रेको हेरी मान्छेले पाउँथ्यो ज्ञान,
सुँघेर बास्ना लट्टु भै आत्मा भोग्दथ्यो क्या निर्वाण,
लामाको जीवन प्रकृतिबीचमा बनेली मुटुमा
बुद्धको टकले झिल्केको थियो निर्वाण-पथमा
पन्छी र पशुहरूको साथी अहिंसा विचारी
रूखको ढुकढुक, फूलको धड्कन,
ज्योतिका पथमा बीजको स्फुरण,
समस्त तिनको रहस्य जान्ने प्रकृति-पुजारी
रहेछ लामा एकान्ततामा विलासिरहेको
देख्तामा झुत्रो, भित्र त्यो कत्रो ! विशाल भएको
चौंरीलाई पाली, फलफूल हाली, बटुली जहान
पाल्दथ्यो यौटा आदर्श ढङ्लै कुटीमा सुबान,

रहस्यमय अदृश्यसँग बसेको रमाई,
उदारताले हृदयद्वार जीवनलाई रिझाई,
रोग र व्याधि निखार्न सक्ने मन्त्र र बूटीले,
मदन तङ्ग्री मोटाए पोसी त्यसका कुटीले,
हिउँले ब्रह्मा बनाइदिन्थे उसका कुमारी
गालामा उषालालीले रङ्ग दिव्यले मुसारी,
वनकी देवी जस्ती थी छोरी बुद्धको पालाकी
उसको नाम थियो है लावा कोमल चालाकी,
कुमार उसको तेजिलो थियो फुचाको नामको
बर्षमा बाह्र गजबको तर जेहेन र कामको,
पशु र पन्छी सबेको बोली मुठीले निकाली
भाले र पोथी लाउँथ्यो बोल्न विचित्र कला ली,
महीना बित्यो मदनको त्यहाँ प्रकृतिबीचमा
अचम्म मानी आनन्दमाथि हिमालनगीचमा,
बाँसुरी मधुर बजाउँथ्यो फुचा रोएर सुन्थे ती,
सुरिलो गीत गाउँथी लावा बरबर बन्थे ती,
कलुष-शून्य तिनको जीवन सत्युग समान
देखेर त्यहीँ बसूँ भैँ लाग्यो सधैँ नै नजान,
तैपनि मेघ दक्षिणको आयो नाचेर हिमाल
जलको कुइरो पातलो बनी,
'कोही छ रोइरहेको' भनी,
सम्झना दिँदै अबोल बोलमा मसिनो जञ्जाल,
पन्छीको उडान मनले टिप्यो धराको चेरापार
घर जाने इच्छा दिलसँग बढ्यो फुटेन मुखको पार,
वैशाख लाग्यो पल्लवमा पन्ना, फूलमा इन्द्राणी
चरामा कलकल, साँझमा लोली,
ढुकुरमा कुकुर, डाँफेमा फुरफुर, क्वैलीमा सुवाणी,
नालामा छलफल, हिमालमा झलझल, हाँगामा फुर्फुर,
मुजुरमा ढाँचा, हरिणमा कन्याइ, मिर्गमा छुछ्छुर,

लहरा हल्के हल्लेर फुल्की मधुम, गुनगुन भो !
नवीन मीठा कलकले वन शिशु-शिर छुनमुन भो,
वास्नाका कणी दुगुर्न थाले, पोथीलाई बोलाउन,
शब्दले   डाक्थ्यो   मुटुको   शब्द,
प्रश्नका साथ उत्तर लागे वनलाई गुञ्जाउन,
सृष्टिले नयाँ नाटक रचिनू आनन्द चञ्चल भो,
प्रेमको राज्य हरियो भयो, जीवन हलचल भो,
पूर्णिमा आइनू हिमाल-भालमा बाटुली बनेर
अमृत थाली झिलमिल फाली,
जादूको जाली शीतल हाली,
चराचर-दिलमा जलप लगाई हिमाल सपनेर,
वन भो यौटा घौथल सुन्दर जूनको जलपमा,
परीको संसार स्वप्नको मुहार शीतल झलकमा,
जुनेली   फूल   फक्रेर   आए   हृदय   खोलेर
पातला   पात   भै   पारदर्शी   जूनसँग   बोलेर,
बुद्धको थियो उत्सवको रात उज्यालो खुलेको
विश्वमा शान्ति मनमा कान्ति,
चराचरलाई   नवीन   जीवन   अमृत   मिलेको
लामाले लियो बाँसुरी हातमा वनको बाँसुरी
जनको मन कुर्लने भन,
सङ्गीतको आत्मा अटाउँने खोक्रो प्वालसुरे बाँसुरी ।
टिरि र लिरि बाँसुरी बोल्यो अबोला बोलाई वन
लावा र फुचा हातपाउ फाली,
तालमा नाचे शरीर चाली,
बुद्धको जीवन-कथाको सारमा भावले नाच्यो मन,
गीत गाए तब लामाका जहान मिलेर वनमा
भोटेको छन्द दोसाँधे मिठास शब्दको बन्धमा,
मदनको आत्मा बुद्धको लोकको मुक्तिमा रमायो,
उनले टिपे तलको गाना हृदय रसायो-

(गीत)

वैशाखको पूर्णिमा
        हेर ! हो हिमाल जून !
रातको कालो वर्णमा
        अमृतको यो थालीले
        झलमल पार्ने कुन ?
स्याब्बो च्याङ्‌बा । स्याब्बो च्याङ्‌बी !
संसार मथ्दा जूनको नौनी स्वर्ग तर छ, सुखको दिन !
तारा-झुप्पे यो रुखमनि
        कसले लायो धून ?
        चूलीमा पुग्यो बाटो गुनी
        आँधी नाची, पर्वत नाची,
        संसारलाई लाउन गुन ?
स्याब्बो च्याङ्‌बा ! स्याब्बो च्याङ्‌बी !
आफूलाई जिल्ले संसार जित्छ निर्वाणभन्दा कीर्ति कुन ?
आकाश उनको छाती हो
        करुणा धारा सुन !
        तारा आँखा राती हो,
माटी—जरामा बन्चरो दी
        काललाई जिल्ले कुन ?
स्याब्बो च्याङ्‌बा ! स्याब्बो च्याङ्‌बी !
अमृत झल्क्यो संसारमाथि हेर ! ऊ ज्योति ! हिमाल जून !

●

पानीले पान्यो आकाश नीलो, पखाली तुवाँलो,
कौसीमा लाग्यो क्या राम्रो जून स्वर्गको उज्यालो,
सिरिरि सिरि शीतल हावा, सुन्तला फुलेको,
क्या मीठो वास्ना मधुर मसिनो, जूनमा मिलेको,
जूनको विमल -अमृत-जल- तलाउ-छायामा,
नरम, मधुर सरस, जगत्, जीवन झैँ मायामा,
नीदले छोडेकी कोइली बोल्छे जुनेली रातमा,
जीवन देश बोले झैँ प्रीति मनका पातमा,
क्या मीठो त्यसको सुरिलो स्वर रातको कलिलो,
मनको तिर्सना सपनाभित्र घुसे झैँ रसिलो
गमलामाथि केँबरा झुल्छ, गुलाब बोल्दछ,
छायाको बुट्टा पर्खालमाथि ज्यूँदो झैँ चल्दछ,
नीलो छ सारी ताराको पारी मुनाको गाथमा,
भावका जल-महल-लोचन कोमल छन् रातमा,
चन्द्रमालाई चन्द्रमा हेर्छिन् कौसी र आकाश,
स्वर्गको अटाली हाँस्दिछिन् यौटी, यौटी छन् उदास,
यो देश छैनन् उनका आँखा, मनका चित्रमा,
गडेको टक छ अरु देश जूनका भित्रमा ।
सम्झना झुम्मियो बादल जस्तो चन्द्रमा हराइन्,
विरह जस्तो अँध्यारोभित्र, एक आँसु चुहाइन्,
मुनाले बोलिन्, "हे मेरा कृष्ण ! मलाई भुल्यौ नि !
निठूरी मन लिएर भन, कसरी डुल्यौ नि !
                कृष्ण ! कसरी डुल्यौ नि !
मुहार तिम्रो जुहार मेरो नजरको हरायो,
कुन पापी दैव आएर चोरी कुन देश फिरायो,
                सम्झनालाई छायाले छकायो,

पहाडवारि पहाडपारि पर्दले ढाकेको,
स्वरुप तिम्रो खालि छ मेरो मनमा जागेको,
            झल्झली देखी विरह लागेको !
वचन तिम्रो तारमा मनको निदाइरहन्छ,
सम्झेर आयो झन्कन्छ भित्र, कहानी कहन्छ,
दुःखको कानमा सुखको कथा बजाइरहन्छ,
पखेटा छैनन् उडेर जान चिडिया उडेका,
हेरेर बसी आँसुका थोपा गहमा छुटेका,
देखेनौ तिम्ले कतिका थिए छातीमा गुडेका !
किन हो किन, यो मेरो मन बादलले ढाक्दछ,
सियोको टुप्पा नदेख्ने गरी मुटुमा लाग्दछ,
प्राणको मेरो पखेरु रुन्छ पिँजडा परेको,
न उड्न पाई, न खोज्न पाई चिन्ताले पिरेको ।
यो उडन पाए त्यो पाउमाथि लुटुपुट पर्नेछ,
त्यो छातीमाथि गएर फेरि भुर्भुर गर्नेछ,
            सधैँको निम्ति साथमा फिर्नेछ ।
पैसाको यस्तो भुमरीभित्र किन हो पसेको ?
मनको धन छाडेर किन ल्हासामा बसेको ?
हे पैसा ! तैँले पासोमा पाछस् सिंह झैँ हृदय !
सोझाको सराप असलको विलाप, दुष्टको अभय !
पैसामा भुली बिर्सेको हो कि ? कसैले भुलायो ?
प्राणको मन छकाईकन अरुले डुलायो ?
बिर्सनुपर्ने यसरी होइन ! भमरासरी मन !
के भर त्यसको ? झलागोस् पाप पापी छ मेरो मन !
            प्राण ! पापी छ मेरो मन !

पहाड त्यस्तो ! जङ्गल त्यस्तो पथरा पन्यौ कि ?
मलाई सम्झी दुःखमा नजर आँसुले भन्यौ कि ?
प्यारा ! आँसुले भर्यौ कि ?
कपाल दुख्ता म आँसु पुछथेँ बिरामी भयौ कि ?
सुसार कल्ले गरेको होला ? अकेला थियौ कि ?
प्यारा ! अकेला थियौ कि ?
हावाले लगे मनको चिठी, मन रुने थिएन !
तिमी छौ पर, म रुन्छु घर, बिन्ती नै पुगेन,
प्यारा ! रोएको पुगेन !
हे पशुपति ! हे गुह्येश्वरी ! प्याराको गाथमा,
नबसोस् धूलो, नबिझोस् काँडा, मङ्गल होस् साथमा!"
मुनाले जोडिन् माथमा हात, हातमा लाग्यो जून,
भरिई आयो, भरिई आयो आँसुले नयन झन् !

•

राता र नीला पहेँला फूल वनमा फुल्दछन्,
छिर्बिरे फूल, सुनौला फूल हावामा झुल्दछन्,
दक्षिणतिर किनारातिर फड्केको बादल,
भोटेको घर मदनअघि नेपाल झलझल,
नेपालभित्र उज्यालो डाकी कुखुरा बासेको,
हिमालचूली बिहान खुली उत्तर हाँसेको !
पहाडहरुको नीरको माला नेपाल शहरको,
लुर्कन जस्ता रुखका लहर शिखर किनारको,
बादलवारि गुलाफ फुल्ने पूर्वको डाँडामा,
उज्यालो पाटा छायाका टाटा, पहाड टाढामा,
दूधका झर्ना झरेका सेता सतह गाढामा,

दूबोको बारी त्यो टुँडिखेल रुखले घेरेको,
धररा उठी शहरमाथि गजूर भिरेको,
आकाशलाई छातीमा राख्ने त्यो रानीपोखरी,
त्यो कान्तिपुरी, कैँवराकेश उज्याला सुन्दरी,
साँझमा गाग्रो कटीमा राखी अँगालो हालेका,
मस्केर चल्ने लाजले बल्ने, कपूरमा ढालेका ।
विचित्र त्यस्ते त्यो चित्रकारी झ्याल र ढोकामा,
पीपल ठूलो बोलेर उठ्ने हावाको झोकामा,
त्यो सानो घर पीपलनिर, झ्यालमा मुनियाँ,
ती बूढी आमा, ती प्यारी मुना, मनका दुनियाँ,
आमाको बोली, मुनाका आँखा, दिदीको रुलाइ,
कौसीको जून, गमलामाथि फूलको झुलाइ,
फर्केर हेर्छन् मदन फेरि भोटेको आँगन,
क्या राम्रा बच्चा, क्या राम्रा पाठा खेलमा मगन,
हेरेर फेरि भोटेका तर्फ मदन बोल्दछन्,
हृदयभित्र लुकेको इच्छा ओठले खोल्दछन्-
"हरियो भयो डाँडाको मुख फूल फूल्यो वनमा,
टाढाको घर झल्केर आयो हे दाजु ! मनमा,
कलिलो राम्रो पालुवा होला नेपालमा लागेको,
त्यो आलुबखडा हाँसेको होला वसन्त पाएको !
हरियो चिल्लो जोबन होला वनमा जागेको !
वास्नाले मीठो चलेको होला हावाको लहर,
रुख र लहरा झुलेका होलान् सिहर सिहर !
खोलामा होलान् घाममा खेल्न छविला लहर,
'वसन्त लाग्यो ! वसन्त लाग्यो !' भन्दी हो कोइली,
डुल्दी हो लिई अनेक रङ्गी फूलका सहेली,

दुई दिल मिली फुलेकी बेली, मगमग चमेली,
बगैँचाभित्र स्वर्ग नै होला हाँगाको हबेली,
जोबनका गालामा लाजको लाली फुलेको गुलाब,
पानामा सेता सुनका अक्षर, चम्पक किताब,
पहाड-किल्ला चूली उपल्ला श्रीपेच-सरोज,
रक्षाका निम्ति ती पशुपति मुटुमा विराज,
वीरको देश, धर्मको गादी, शक्तिको आँकुरा,
पछिको बढ्ती देखाई उठ्छन् हिउँका टाकुरा,
त्यो देशभित्र त्यो सानो घर, झल्झली फिर्दछ,
बिर्सेको रिन सम्झनाकन आँसुले तिर्दछ,
सम्झँदिहुन् ती डाँडाकी जून, आमाले मलाई,
वनको छेउ म टाढा बस्छु त्यो घर ` रुलाई !
तिमीले लायौ सर्धैँको गुन, म तिर्न सक्तिनँ,
ज्यानको दान तिमीले दियौ, म तिर्न सक्तिनँ,
सर्धैँको ऋणी, म तिर्न सक्तिनँ !
दुइटा मैला सुनका थेला वनमा गाडेको,
यौटा हो तिम्रो यौटा हो मेरो गुनले बाँडेको,
यो तिमी लेऊ बिदाइ देऊ, म घर हिँड्दछु,
यो तिम्रो गुन सर्धैँको सम्झी अगाडि बढ्दछु ।"
भोटेले भन्छ, "के गर्छ मैले पहेँलो सुनले ?
रोपेर सुन उम्रन्न क्यार के गर्छ सुनले ?
रोपेर राख्यो, पछि पो खान्छ यो तिम्रो गुनले,
बालक मेरा यी छोराछोरी, आमाले छाडेको,
के गर्नु सुन ? के गर्नु धन ? दैवले चुँडेको,
यो केटाकेटी खाँदैन सुन, लाउँदैन गहना,
आकाशमाथि जहान मेरो बादल छ गहना !"

भोटेका बच्चा काखमा राखी, कपाल मुसारी,
पुछेर आँखा फूलको थुङ्गा केशमा घुसारी,
पुछेर आँखा त्यो भोटेसँग मदन भन्दछन्,
"बिदाको बेला आँसुले आँखा झन् भरी बन्दछन्,
गाहारो भयो छाडेर जान गुनको आँगन !
यो गुन कैले म तिर्न सक्छु तै पनि माग न,
            दाजु ! केही त माग न !"
भोटेले भन्छ, "मौकाले पायो त्यो गुन लाउन,
गुनको सट्टा लिँदैन हामी, सम्झेर जाऊ न,
आफैँले खन्छ आफैँले खान्छ, सित्तैमा छुँदैन,
क्या दिन्छ तिम्ले ? क्या लिन्छ मैले ? मागेर लिँदैन ।
च्याङ्बाको नाउँ सम्झेर जाऊ घरमा सुनाऊ;
बूढीको आसिक यी केटाकेटीहरुमा पठाऊ ।"
रोएर हिँडे, जङ्गलछेउ, अपढ, अजान,
त्यो भोटेभित्र देखेर त्यस्तो मनको मुहान,
            रोएर घर हिँडे ती मदन !

●

मदनकी आमा, फुलेकी सेतै ओछयान परेकी,
डाँडाकी जून, अन्त्यको दिन दुःखमा कुरेकी,
सुकेको तेल घरकी बत्ती मधुरो भएकी,
अँध्यारो पारी धिपिक्कै जान तयार रहेकी ।
छोराको मुख झल्झली देख्छिन्, ईश्वर पुकार्छिन्,
मनको मन त्यो छोराकन, ईश्वर गुहार्छिन्,
झ्यालको हावा फुलेको केश मुसारी हिँड्दछ,
ल्हासाको तर्फ आमाको दिल बहाई बढ्दछ ।
आँखामा छैन उनको आँसु शान्तिले छाएको,
साँझको फिका जलमा अन्त्यको उज्यालो आएको,

प्राणको टेका, कलको छेका, टाढाको छोरो छ,
छोराको मुख हेरेर जाने मनको धोको छ,
जरोले तातो, पातला हात नसाले जेलेको,
रसिला-आँखा-बुहारी-हात प्रेमले मिलेको ।
कलिलो हात समाई भन्छिन्, "मेरी हे बुहारी !
अब त बेला नजीकै आयो जानु छ उसपारि !
          के गछ्यौँ रोई, नरोऊ बुहारी !
सबैको बाटो यही हो नानी ! अमीर-फकीरको,
यो माटो गई माटोमा मिल्छ दुःखको बगरको,
शहर बस्नू, नफस्नू यसमा, दुःखको जञ्जाल !
अन्त्यको बाटो उज्यालो हुने भक्ति नै सँगाल !
फुलेको देखेँ वैलेको देखेँ जगत्को फूलबारी,
दुःखमै चिनेँ ईश्वरलाई हे मेरी बुहारी !
पृथिवीभित्र रोपेको बीउ स्वर्गमा फल्दछ,
दिएको जति पृथिवीभित्र माथि नै मिल्दछ,
गरेको जति लिएर जान्छु, के जान्छ साथमा,
सपनाभित्र पाएको धन ब्यूँझेको हातमा,
बिदाइ लिन्छु सबका साथ मदन आएन,
त्यसलाई हेरी आँखाले आज चिम्लिन पाएन,
म मरिहाले मदनसँग यो भन्नू तिमीले,
'नरुनू धेरै, भनेर गइन् अन्त्यमा बूढीले !"
रोकेको दिल आँखामा खस्छ गलामा बोल्दछ,
मुनाका छातीमा छोपेको शोक निसास्सी चल्दछ,
"हे मेरी बज्यै ! हे मेरी आमा !! यो अर्ती लिनेछु,
हजूरको मीठो सम्झनालाई आँसुले धुनेछु ।
अझ ता केही भएको छैन आराम हुनेछ,
हजूरको धोको त्यो भेट यहाँ अवश्य पुग्नेछ !"

बिचरी बूढी ती काँप्न थालिन्, कम्प भो विचित्र,
बन्द भो बोली, मनमनै रह्यो वचन पवित्र,
कहिलेकाहीँ मुनाको हात छामेर 'यहाँ छ'
भनेर दिँदा बल्ले भन्थिन् 'मदन कहाँ छ ?'

●

कुतीमा यौटा पीपल ठूलो हावाले हल्लायो,
हाँगामा आई कागले चुच्चो खोलेर करायो,
छहारी बस्ने बटुवा हेर्थे टाढाको टाकुरा,
चिउँडो थियो हातको माथि, घुँडामा पाखुरा ।
हाँगाको काग ओह्लेर आयो, नजीकै करायो,
नजर छड्के त्यो घाँटी कर्के गरेर करायो,
नजर फिर्‍यो, पसीना पुछी बोले ती बटुवा,
"सुबोल् सुबोल् हे ! ठाउँ सरी बस्न, आकाश-डुलुवा!
हेरेर आइस् ती आँखा तानी के मे शहर ?
नेपाल खाल्डो छ कान्तिपुरमा घर त्यो सुघर ।
माई छन् मेरी कपाल सेती, मुना छन् उज्याली,
मलाई सन्चो छ भनी आइज पखेटा उचाली ।
'नमान्नू धन्दा नमान्नू फिक्री' भनेर सुनाई,
गुँडमा फर्केस् बारीको यौटा हलुवावेद खाई !"
उडेर गयो त्यो काग टाढा बुझे झैं गरेर,
'कागले बुझ्यो, उडेर गयो पुग्नेछ सबेर ।
बुझ्दैनन् भाषा पन्छीको हाय ! ती दुई बिचरा !'
भनेर हेरी नजर भरी उठे ती बिचरा !
                बिचरा मदन, नजर भरेर !

●

शहरभित्र केको हो यस्तो वियोग विलाप ?
पिल्पिले बत्ती भिजेका आँखा अलाप विलाप,

बज्रको झिल्का चड्केर गई आँधीको पुछार,
हुन्हुन हावा बिलौना गर्छ साँझको सँघार,
कुक्कुर रुन्छ पिँढीमा बसी, अँध्यारो राति छ,
औँसीको कालो आकाश-छाना घरको माथि छ,
पिल्पिले बत्ती धिप्धिप गर्ने अँध्यारो उज्यालो,
अँध्यारोसँग मिसिएजस्तो टुकीको उज्यालो,
रुखमा तप्क्यो आँसुको थोपा हुरीले भाँचेको,
भुल्काले आँखा बाटुला लायो रुखमा भाँचेको,
            कलिलो रुख पिटिक्क भाँचेको !
पिल्पिले बत्ती, भिजेका आँखा, भिजेका परेला;
औँसी झैँ मुख किन हुन् त्यस्ता ती आँसु भरिला ?
            हा कठैबरी ! भिजेका परेला !
सासूको सास घाँटीमा बज्छ अड्कन्छ गलामा,
बुहारी मूर्छा इन्तु-न-चिन्तु माथिको तलामा,
            ती मुना कठै ! नीली भै पलामा !
दाजु र भाइ छिमेकी रुन्छन्, अलाप विलाप,
छातीमा हात, आँखामा आँसु, मनमा विलाप,
बिजोग हरे ! बिजोग त्यस्तो ! दैवले देख्दैन !
दैवले देखे कसरी हेर्छ ? कलम लेख्दैन !
त्यो कालो सर्प बनाई मुटु कसरी उठायो ?
मदन मरेको कसरी चिठी गुण्डाले पठायो ?
सर्पको दाँतमा विषको थैलो, ईखको तिखो फल,
मानिसभित्र झन् हुन्छ कालो मनमा हलाहल !

●

"के देख्न आएँ ? हे मेरी आमा ! के देख्नुपर्‍यो नि !
हे मेरी आमा ! हे मेरी आमा ! यो छाती चिर्‍यौ नि !
            आमा ! यो छाती चिर्‍यौ नि !

पापीको मुख हेर न आमा ! मलाई हेर न !
म आएँ आमा ! म पापी आमा ! मलाई हेर न !
आमा ! मलाई हेर न !
किन नि टाढा हेरेको त्यस्तो ! म आएँ, म आएँ !
नजर फेरि फिराऊ यता, रोएर कराएँ !
रुन, पाउमा म आएँ !
मुटुमा गाँठो पारेर हेछ्यौं! नजर फिर्‍यो नि !
नछाड आमा ! फर्क न, फर्क, टुहुरो मन्‍यो नि !
आमा ! टुहुरो मन्‍यो नि !
म आएँ आमा ! म दुःख दिन कोखमा पसेको !
बुढेसकाल छाडेर छुरी मुटुमा धसेको !
छुरी मुटुमा धसेको !
मदन भन्ने म पापी छोरो चिन्यौ कि चिनिनौ ?
'आइछस् बाबू !' भनेर हरे ! मुखले भनिनौ !
आमा ! चिन्यौ कि चिनिनौ ?
मुखले तिम्रो नबोले पनि आँखाले बोल्दछ !
यो तिम्रो दशा देखेर आमा ! कलेजा जल्दछ !
आमा ! कलेजा जल्दछ !
सुसार तिम्रो गर्न नै मैले पापी भै पाइनँ !
गरूँला भन्ने मनमै रह्यो, म अघि आइनँ !
हरे ! म अघि आइनँ !
क्या शान्ति छायो मुखमा तिम्रो ! हे आमा ! बोल न,
अमृत जस्तो वचन तिम्रो हृदय खोल न !
आमा ! एक फेरा बोल न !
हे मेरी आमा ! मलाई हेरी नजर रसाए,
कलिलो त्यस्तो हृदय मैले कसरी बिझाएँ ?

आमा ! कसरी बिझाएँ ?
सुनका थैला लिएर आएँ, चढाएँ पाउमा,
पाटी र धारा बन्नेछ तिम्ले भनेको ठाउँमा,
आमा ! भनेको ठाउँमा !
कोपिलाभित्रै वैलायो आशा, हिउँले खँगास्यो,
दिलले दर्द नपोखी, हान्यो दैवले झटारो !
फर्क न फर्क हे मेरी आमा ! माथि नै हेछ्यौँ नि !
उठाई औँला माथि नै आमा ! इशारा गछर्यौँ नि !
आमा ! कलेजा चिछ्यौँ नि !"
'लौन नि ! लौन !' भनेर उठे मदन जुरुक्क,
मूच्छामा परे पाउमा, देखी गलाको हिरिक्क !
छोराको मुख हेरेर गइन् कठै ! ती घुरुक्क ।
हा कठैबरी ! ती बूढी घुरुक्क !

●

"भन न भन हे मेरी दिदी ! ती मुना कहाँ छिन् ?
आमाको यस्तो बिछोड पर्दा देख्तिनँ यहाँ झन् !"
"हे मेरा भाइ ! ती मुना छैनन् यो तिम्रो घरमा,
मावल जान ती बिदा भइन् बिछोड परेमा !
ल्हासामा जाँदा बिछोड परेमा !"
"स्वर्गमा गइन् ती मेरी आमा, तिम्लाई छाडेर,
कसरी गइन् बिचरीलाई टुहुरी पारेर ?"
"बुहारीमध्ये कुँदेको हीरा भएर बिरामी,
मागेर बिदा सबैका साथ साञ्है नै बिरामी !
भएर गइन् साञ्है नै बिरामी !"
"कस्तो छ मेरी ती मुनालाई ? हेरेर को आयो ?
पानीका घुट्का ती माग्दिहोलिन्, कसले पिलायो ?"

"हे प्यारा भाइ ! ती मुनालाई यो जल चाहिन्न,
ती निकी भइन् निरोगी भइन्, औषधि चाहिन्न !"
"हे प्यारा भाइ ! म हेर्न जान्थेँ, बाटो नै पाइन्न !"
"ती निकी भए आउन्नन् किन ? यो मेरो अवस्था !"
"खोज्दिहुन् तिनी आउनलाई ! पाउन्नन् ती रस्ता ।"
"गजब लाग्छ यो कुरा सुन्दा मावली कहाँ छ ?"
"बादलपारि, उज्यालो भारी मुलुक जहाँ छ !"
"हे मेरी दिदी ! हे मेरी दिदी ! मुना छिन् भन न,
ती मुना मेरी पृथिवीमाथि अझ छिन् ? भन न !
            मुना, अझ छिन् ? भन न !"
"पृथिवीवारि पृथिवीपारि ती मुना अझ छिन्,
फूलमा हाँस्छिन्, जलमा नाच्छिन्, तारामा चम्किन्छिन्।
कोइलीकण्ठ बोल्दछ तिन्को, आँखा छ उज्यालो,
शीतमा रुन्छिन्, उदास हुन्छिन् देखिन्छ तुवाँलो !"
"मरेकी छैनन् ती मेरी मुना ज्यूँदी छिन् ? भन न !
मावलभित्र छिन् मेरी मुना, आउँछिन् ? भन न !
आशाकी जरा, मनकी चरा, मुना छिन् ? भन न !
            कुनै दिन दिदी ! आउँछिन् ? भन न !"
"मेरा भाइ ! ती मुना छैनन् !! पृथिवीवारिमा,
दुःखको लेश नहुने देश कल्पनापारिमा,
टिपेर बस्छिन् सुखका फूल स्वर्गको बारीमा ।"
"निठुरी दिदी ! निठुरी दिदी !! मार्यौ नि मलाई !!!
आशाको फूल यतिका दिन आँखामा झुलाई,
कानमा मेरो विषको घुट्का घुटुक्क पिलाई,
हे मेरी मुना ! हे मेरी मुना !! छाडेर गयौ नि !!!
पूजाकी मन्दिर, प्राणकी जञ्जीर तिमी नै थियौ नि !

हे मेरी प्राण ! तिमी नै थियौ नि !!
प्राण ! छाडेर गयौ नि !!!
दैवले हान्यो शिरमा मेरो निठुरी घनले,
के गरी सहूँ ? के गरी रहूँ ? जीउँदो मनले !
सहन सीमा नाघेको मनले !
हे मेरी दिदी ! ती मुनालाई हेर्दछु एकै छिन्,
ती मुनालाई डाक न दिदी ! हेर्दछु एकै छिन् !
डाक न दिदी ! हेर्दछु एकै छिन् !
हे मेरी मुना ! हे मेरी मुना !! ओल्हेर आऊ न !
हे मेरी रानी ! मुहार तिम्रो म देख्न पाऊँ न !
मुना ! ओल्हेर आऊ न !
अँध्यारो भयो ! अँध्यारो भयो !! मनको बिलौना,
उम्लेर आई घाँटीमा अड्क्यो मनको बिलौना !
आँसुमा खस्यो मनको बिलौना !"
"हे मेरा भाइ ! हे प्यारा भाइ !!" ती दिदी भन्दछिन्,
पछ्यौराछेउ पुछेर आँसु ती दिदी भन्दछिन्,
"हे मेरा भाइ ! नगर त्यसो धीरज लेऊ न !
आखिर जानु सबैले पर्छ, यो सम्झी लेऊ न !
चार नै दिनको यो पापी चोला, यो मैलो गुमानी,
आखिर छर्छ हावाले फेरि एक मुठी खरानी !
बाबू ! एक मुठी खरानी !
मासुको फूल बैलेर जान्छ मट्टीमा मिल्दछ,
अरु नै फूल पृथिवीपारि स्वर्गमा फुल्दछ !
सर्धैंको लागि स्वर्गमा फुल्दछ !
सहन भनी जन्मन आयौँ हे बाबू ! सहन,
दुःखमा हामी शोधिन आयौँ, दुःखमा रहन,
आँसुको खोला नुहाई जान्छौँ वैकुण्ठ-भवन !"

"हे मेरी दिदी ! सम्झेर आयो यो छाती चिरिन्छ,
यो तातो घाउ नूनले पोल्छ झन् आँखा भरिन्छ !
            दिदी ! झन् आँखा भरिन्छ !
मुनाको बोली, लाग्दछ गोली ! सम्झन्छ मनले,
क्या मीठोसँग सम्झाई भन्थिन् 'के गर्नु धनले ?
गलामा लाग्यो, मुटुमा घुस्यो अमृत-वचन,
'साग र सिस्नु खाएको बेस आनन्दी मनले !'
            बसालिहाल्यो दैवको घनले !
ईश्वर ! तैँले रचेर फेरि कसरी बिगारिस् ?
सृष्टिको फूल रचेर त्यस्तो कसरी लतारिस् ?
त्यो फूल हरे ! मलाई दिई कसरी पछारिस् ?
हे दिदी ! मैले ती मुना देख्ता, मुनाको मुहार,
ती मुना पनि मर्दछिन् भन्ने थिएन विचार !
            मुना ! छातीको जुहार !
पृथिवीतिर नहेर मुना ! म पनि आउँछु
आँखामा आँसु लिएर चिनो म भेट्न आउँछु,
प्रेमको हीरा छुटेको तल, म लिई आउँछु ।
कसरी खायो आगोले दिदी ! कमलको शरीर ?
कसरी खायो निठुरी भई कमलको शरीर ?
म कहाँ पाऊँ ती मुनालाई ? छातीमा लगाऊँ !
खरानी तिन्को मलाई द्यौन, छातीमा लगाऊँ !
हे मेरी आमा ! हे मेरी मुना !! म यहाँ बस्दिनँ,
म यहाँ अब बस्दिनँ आमा ! म यहाँ बस्दिनँ,
म यहाँ अब बस्दिनँ मुना ! म यहाँ बस्दिनँ ।"
"हे मेरा भाइ ! ती तिम्री मुना मरेकी छैनन् ती,
ज्योतिको स्वरुप लिएर गइन् बगैँचा वसन्ती,
स्वर्गका चरा गाउँछन् उनको मधुर जयन्ती !"

"पर्दाले ढाक्यो, पर्दाले छेक्यो, हे दिदी ! मलाई ।
म रुने छैनँ, गएर भोलि भेटुँला तिन्लाई,
हे दैव ! पर्दा चाँडै नै उठा ! धन्य छ तँलाई !"

•

मदन त्यसै थलामा परे, दुःखले वैलायो,
वैद्यले आई उनको नाडी घोरिई समायो,
कफ र वायु बिग्रेछ भनी वैद्यले भन्दछ,
अरुको कुरा नसुन्ने कान त्यो कुरा सुन्दछ,
मदन भन्छन्, "चरक पढ, सुश्रूत पल्टाऊ,
मनको व्यथा रहन्छ कहाँ ? मलाई बताऊ,
जिउने रोग मलाई लाग्यो, यो रोग हटाऊ,
मनको रोगको औषधि के हो ? मलाई बताऊ,
सम्झना भन्ने छटपटी हुन्छ, दर्शन-पियास,
झन् टाढा टाढा आँखाले हेर्छ पोल्दछ बतास,
मगज घुम्छ भुँवरीभित्र मुटुमा दुख्दछ !
लक्षण सारा बाहिरबाट मनमा लुक्दछ !'
वैद्यले हेर्‍यो, वैद्यले बुझ्यो, त्यो वैद्य आएन,
मनको व्यथा कता हो कता ! औषधि पाएन,
दिनका दिन झन् साह्रा भए बिचरा मदन,
जस्ताको तस्तै होशमा छन् ती, सफा छ वचन,
"हे मेरी दिदी ! यो घरजम तिमीले चलाऊ,
पाटी र धारा आमाको इच्छा तिमी नै पुन्याऊ ।
सुसार गर्छिन् मुनाले माथि अकेली आमाको,
नछर्डी जाऊन् सुसार अरु अकेली आमाको,
फुकाऊ तना, गङ्गाको जल देऊ न घुटुको,
औषधि छैन हे मेरी दिदी ! फुटेको मुटुको ।"

•

बादल फाट्यो, चन्द्रमा हाँसी स्वर्गमा सुहाए,
साथमा तारा भएका शशी झयालमा चिहाए,
बादल मिल्यो, सधैँका निम्ति मदन निदाए,
भोलि ता फेरि छर्लङ्ग भयो श्रीसूर्य उदाए ।

+   +   +

आँखाको धूलो पखालिहाल्यौ हे भाइ ! बहिनी !
संसार हाम्ले बुझ्नु नै पर्छ काँतर नबनी ।
संसारलाई मुखमा हेरी कम्मर कसेर,
आकाशतिर पखेटा चालौँ पृथिवी बसेर,
खानु र पिउनु जीवन भए, जिउनु हरे ! के ?
पछिको आशा नभए कठै ! मानिस हरे ! के ?
पृथिवी बसी स्वर्गमा हेर्ने छन् हाम्रा नजर,
तल नै हेरी तल नै हेरी बिलौना नगर,
मनको बत्ती तनको बली स्वर्ग छ प्रसाद,
कर्ममै पुज ईश्वर भन्छ यो लक्ष्मीप्रसाद ।

●